002

006

004

00

001

006

007

009

010

008

008

011

011

012

013

013

014

016

017

017

016

015

015

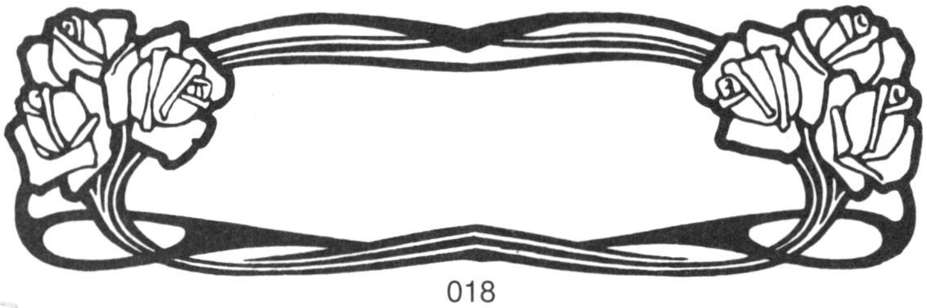

018

019

020

021

021

022

023

024

025

026

027

028

029

030

031

032

033

034

035

036

037

038

039

040

041

042

043

044

2

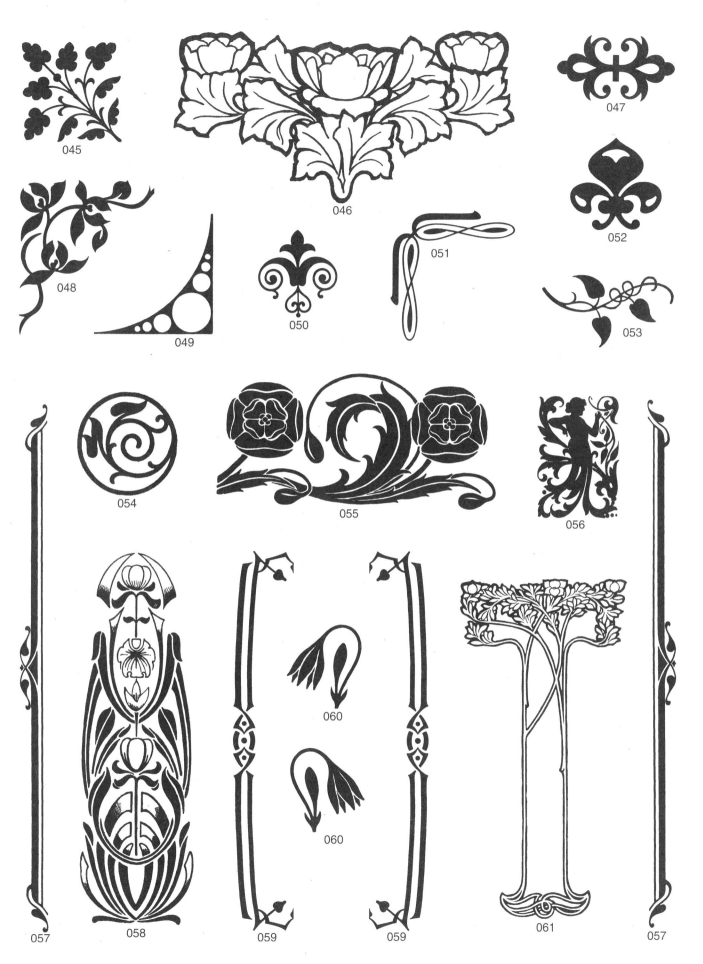

045

046

047

052

048

049

050

051

053

054

055

056

057

058

059

060

060

059

061

057

062 063 064 065 066 067 068 069 070 073 074 071 072 076 075 077 078 079 080 081 082 083

4

084

085

086

087

088

089

090

091

092

093

094

095

096

097

098

099

100

101

102

103

104

105

106

107

108

109

110

111

112

113

114

115

116

117

118

119

120

121

122

123

124

6

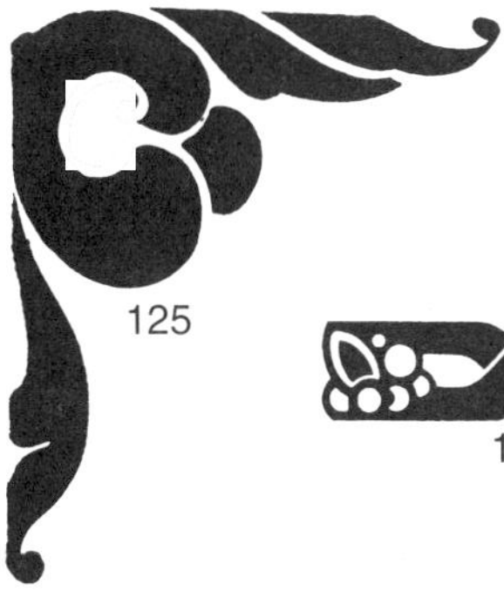

125

126

127

128

129

130

131

132

133

134

135

136

137

138

139

140

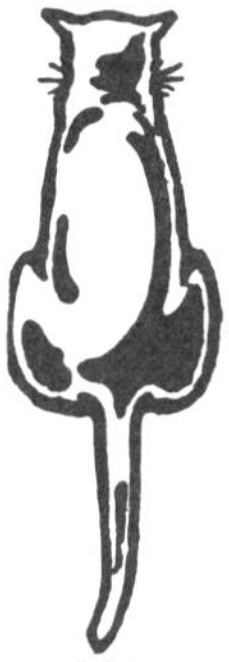

141

142

143

144

145

146

147

148

7

149

150

151

152

153

154

155

156

157

158

159

160

161

162

163

164

165

166

167

168

169

169

170

171

172

173

174

175

176

177

178

179

180

181

182

183

184

185

186

187

188

189

190

191

9

192

193

194

195

196

197

198

199

200

201

202

203

204

205

206

207

208

209

210

211

212

213

10

214

215

216

217

218

219

220

221

222

223

224

225

226

227

228

229

230

231

232

233

234

235

11

236

237

238

239

240

241

242

243

244

245

246

247

248

249

250

251

252

253

254

253

255

256

257

258

259

260

261

262

263

264

265

266

266

267

268

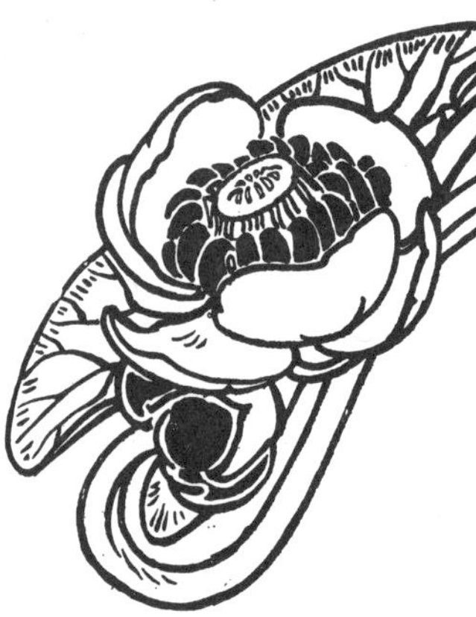

269

270

271

272

273

274

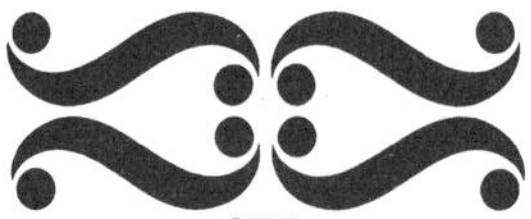

275

276

277

278

279

280

281

282

283

284

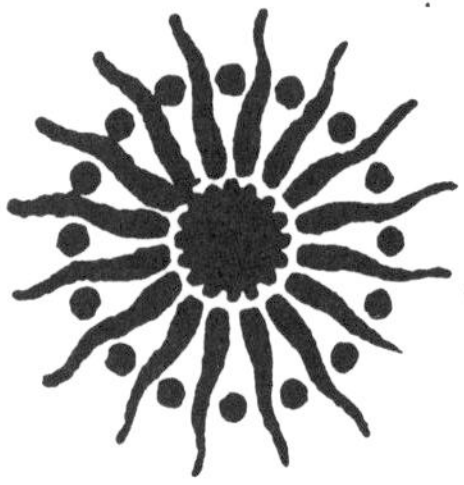

285

286

287

288

289

14

290

291

292

293

294

295

296

297

298

299

300

301

302

303

304

305

306

307

308

309

310

311

312

313

314

315

316

317

318

319

320

321

322

323

324

325

326

327

328

329

330

331

332

333

334

335

338

339

336

337

340

341

342

343

344

345

346

347

348

349

350

351

352

353

17

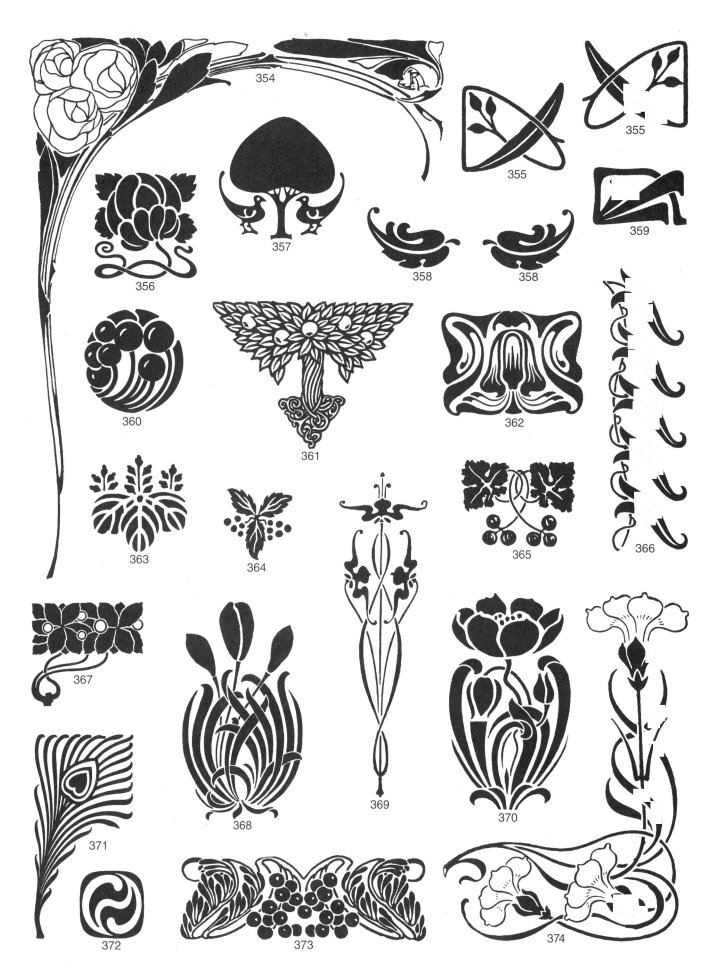

354

355

355

356

357

358 358

359

360

361

362

363 364 365 366

367

368

369

370

371

372 373 374

18

375

376

377

375

378

379

380

381

382

383

384

385

386

387

388

389

392

390

391

392

393

394

395

396

397

398

399

400

401

402

403

404

405

406

407

408

409

410

411

412

413

410

414

415

416 416

417 418 417

419 420 419

421 422 421

423 425 423

424 424

426 427 428 429

430

431

432

433

434

435

436

437

438

439

440

441

442

443

444

445

446

447

448

449

450

451

452

22

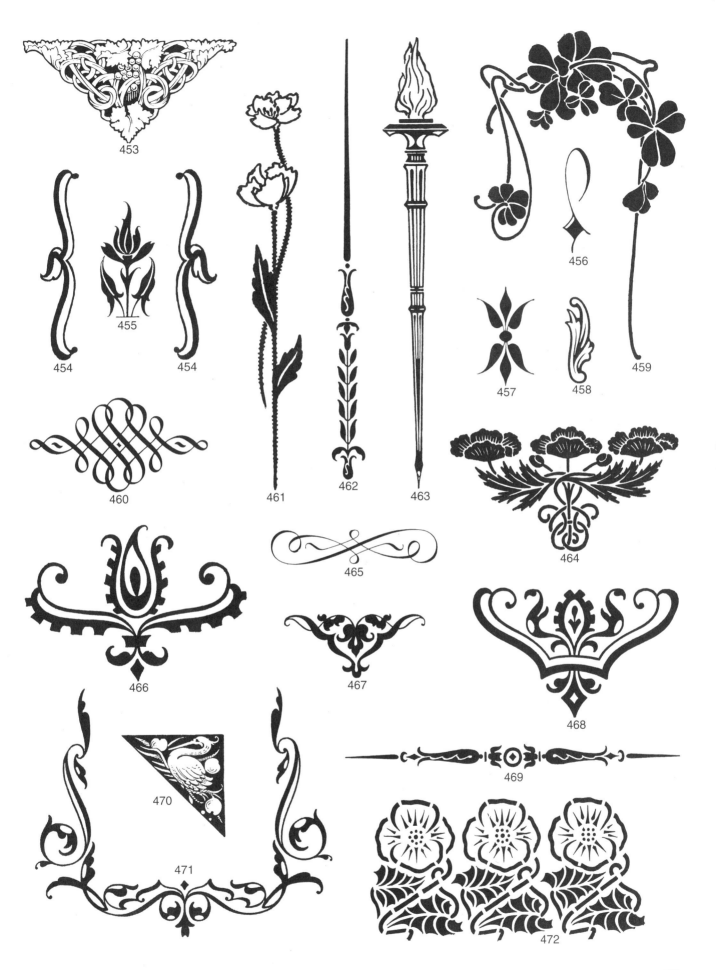

453

454 455 454

456

457 458 459

460 461 462 463 464

465

466 467 468

469

470 471 472

473

474

475

476

477

478

479

480

481

482

483

484

485

486

487

488

489

490

491

492

493

494

495

24

496

497

498

499

500

501

502

503

504

505

506

507

508

509

25

510

511

512

513

514

515

516

517

518

519

520

521

522

523

521

524

525

526

527

528

529

528

540

530

540

531

532

533

534

535

536

537

538

539

541

542

543

544

545

546

547

548

549

550

551

552

553

554

555

556

557

558

559

560

561

562

563

565

564

566

567

568

569

570

571

572

573

576

574

575

577

578

579

580

581

582

583

584

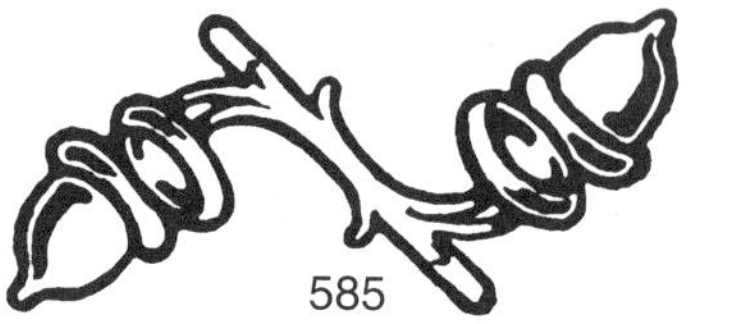

585

586

587

588

589

590

591

592

593

594

595

596

597

598

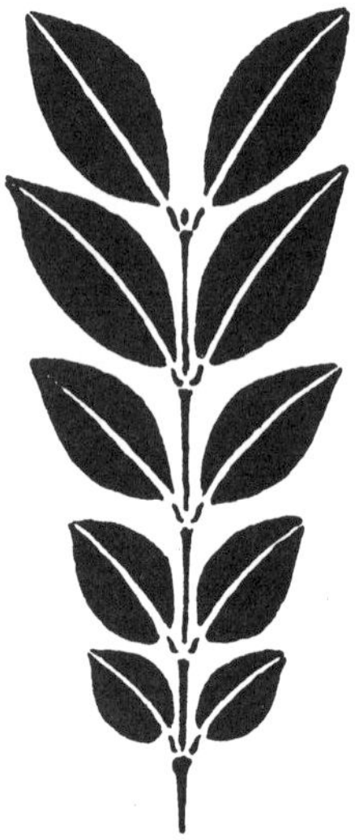

599

600

601

602

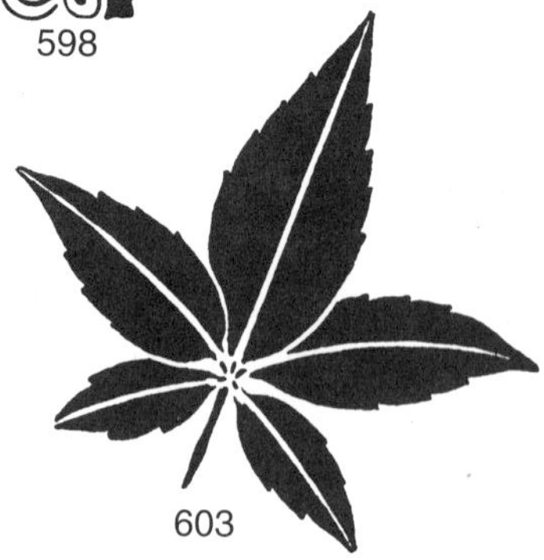

603

604

605 606 605

607

608  609 608

610  611  610

612

613

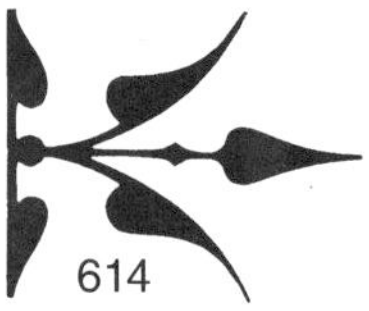

615

614   614

617

616   616

618   618

619

620   620

621

623

622   622

624   625   624

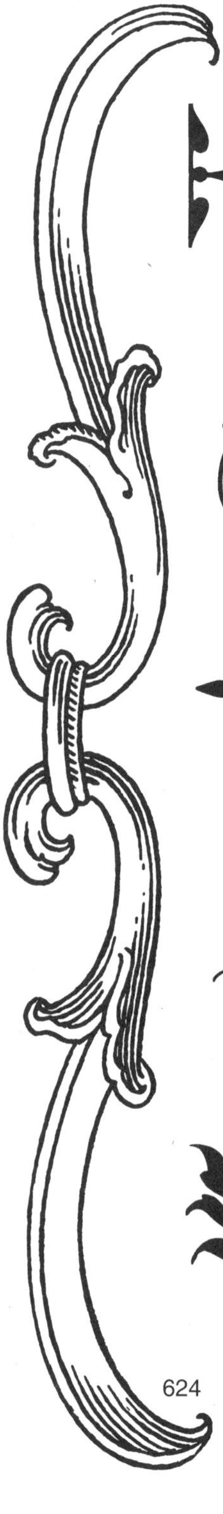

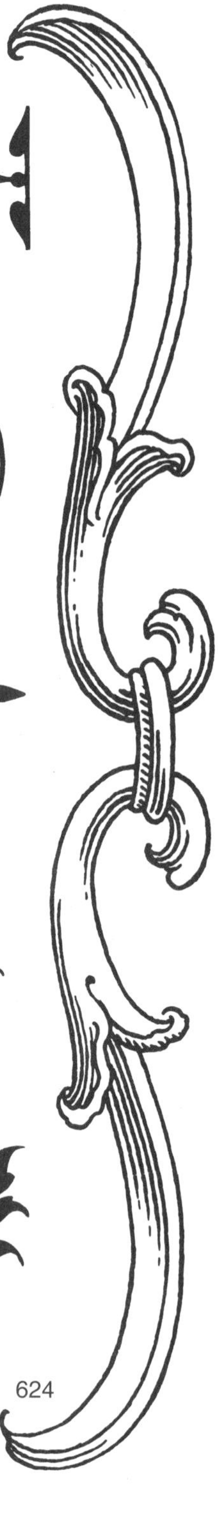

626

627 628 629

630 631

632 633 634

635 636 635

637 638 639 640 637

33

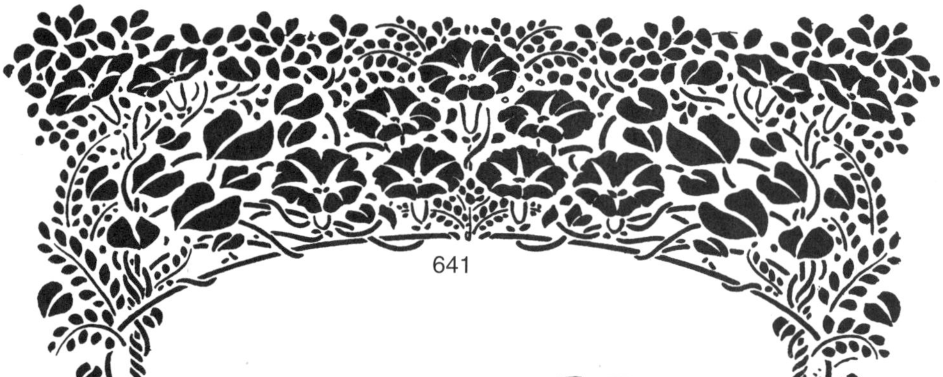

641

642

643

644

645

646

647

648

649

650

651

652

653

654

655

656

657

658

659

34

660

661

662

663

664

665

666

667

668

669

670

671

672

673

674

675

676

677

677

678

679

680

681

682

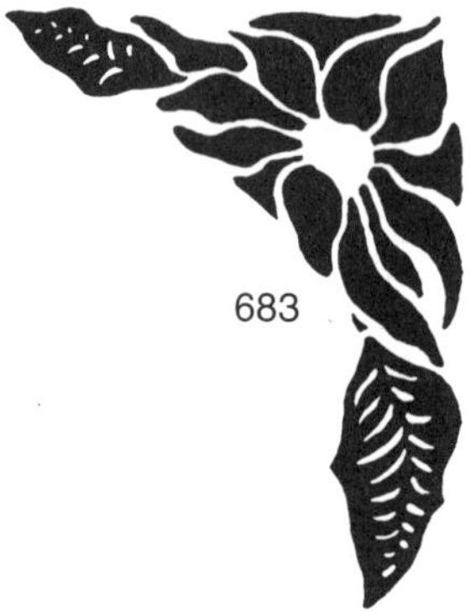

683

684

685

686

687

688

689

690

691

692

693

694

695

696

697

698

699

700

697

36

701

702

703

702

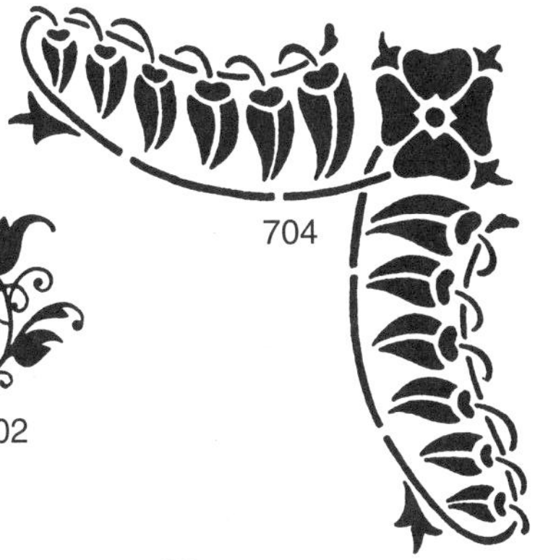

704

705

706

707

708

709

710

711

712

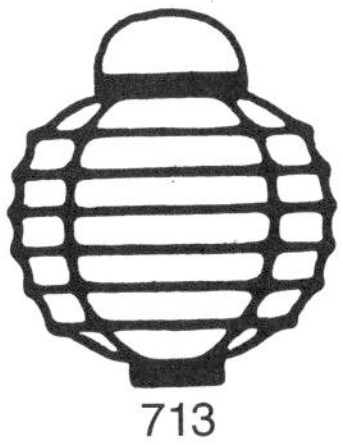

713

712

714

718

716

715

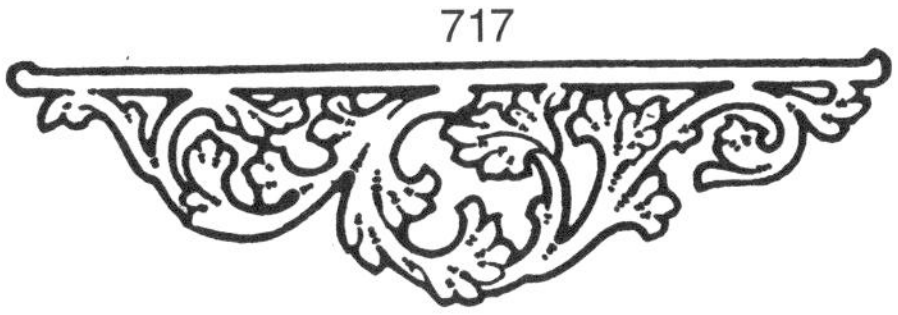

717

37

719

720

721

722

723

724

725

726

727

728

729

730

731

732

733

734

735

736

737

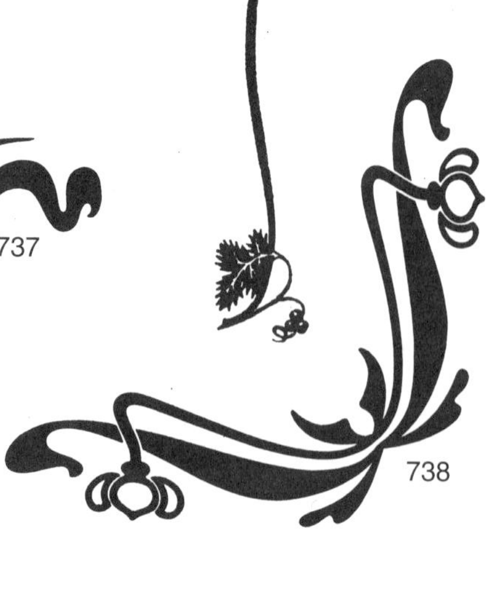

738

38

739

740    741    742    743    744

745

746

747

748   749   750   751    752

753

754   755   756    757   758

759

760

761

762

763

764

765

766

767

764

768

769

770

768

771

772

773

774

771

40

775

776

777

778

779

780

781

782

783

784

785

786

787

788

789

790

791

792

793

790

794

795

796

797

798

799

800

801

802

803

804

805

806

807

808

809

810

811

812

813

814

815

816

817

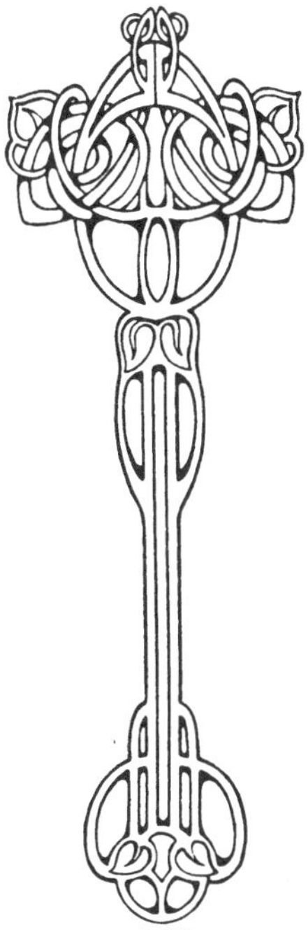

818

819

820

821

822

823

824

825

826

827

828

829

830

831

832

43

840

834

835

833

836

837

838

839

841

842

843

842

841

853

850

844

845

846

847

848

849

849

848

851

852

851

854 855 856 857 854

859 860 859

858 858

862

861 861

863 864 865 863

866 867 866

868 869 870 867 868

871 872 872 871

873 874 875 876

877 878 877

879 879

880 880

881 881

883 883

882 884 882

885

886

887

888

885

889

890

891

893

892

894

895

896

901

898

899

897

900

902

903

903

904

905

906

907

904

908

909

910

911

912

912

913

914

915

916

916

915

917

918

917

919

920

921

920

922